Prinzessin Lillifee

Bella, die Schmetterlingsfee

COPPENRATH

✿ Zauberhaft sauber ✿

Prinzessin Lillifee hat für Bella und die lieben Tierfreunde ein leckeres Essen gekocht. Es gibt Suppe und Salat, selbst gebackene Brötchen und einen Vanillepudding mit Erdbeersoße. „Mir nach!", lacht Lillifee. „Ich habe draußen den Tisch für uns aufgestellt."

Mmm, wie das schmeckt! Die Freunde essen, trinken und lachen. „Das ist ein Festmahl", brummt Bär Bruno zufrieden.

Pupsi hat sich so tief über den leckeren Pudding gebeugt, dass er eine rosa Schnute bekommen hat. Hase Henry verdreht beim Salatknabbern genießerisch die Augen.

„Schön, dass es euch geschmeckt hat", sagt Lillifee.
„Dann kann ich ja mit dem Abräumen beginnen."
Bella springt auf.
„Nein!", ruft sie. „Das übernehme ich, liebe Lillifee.
Geh du nur hinein. Wenn du zurückkommst, ist alles er-
ledigt."

Kaum ist Lillifee fort, erkennt die kleine Schmetterlingsfee, dass schrecklich viel zu tun ist. Berge von Tellern,
Schüsseln, Löffeln und Gabeln müssen abgeräumt und
gespült werden. Die großen Kissen müssen aufgeschüt-
telt werden. „Puh!", seufzt die kleine Fee Bella.

Da entdeckt sie in dem großen Durcheinander ihren Zauberstab. „Das ist die Lösung!", lacht Schmetterlingsfee Bella. „Ich brauche nur einen Zauberspruch aufzusagen, damit alles wieder so ist, wie es früher einmal war." Schon hebt sie den Zauberstab und zaubert …

Schmetterlingsfee Bella ist sehr zufrieden mit ihrer Zauberei. Alle Teller, Schüsseln und Gläser stehen geputzt auf ihrem Platz. Auch die Kissen und Decken sind ausgeschüttelt. Schnell ruft Bella die Freundin herbei. „Du hast aber schnell aufgeräumt", lobt Prinzessin Lillifee sie stolz.

Da kommt ein rosa Ferkelchen angelaufen. Die Blütenfee wundert sich, denn es sieht ganz genau so aus, wie
Pupsi früher einmal ausgesehen hat. Die Fee nimmt es
auf ihren Arm. „Wer bist denn du?", fragt sie. Aber das
kleine Schwein kann noch nicht sprechen.

Auch das süße kleine Häschen, das plötzlich an Prinzessin Lillifees Rock zupft, kommt ihr bekannt vor. Henry
sah als Baby einmal so aus. Die Fee ist sehr verwundert
und schaut sich im Schlossgarten genauer um. Er sieht
irgendwie verändert aus.

„Vorhin hatten die Bäume doch noch ganz dicke Stämme", stellt die Blütenfee fest. „Kann es denn sein, dass du mit ein wenig Zauberei nachgeholfen hast, liebste Bella?" Die kleine Schmetterlingsfee nickt schuldbewusst und schaut auf den Boden.

Prinzessin Lillifee nimmt die Babytiere bei der Hand.
„Dein Zauberspruch hat die Zeit zurückgedreht. Darum
sind Pupsi und Henry wieder im Baby-Alter."
Bella guckt erschrocken. „Das wollte ich nicht. Es tut mir
so leid. Es war ein … ein Versehen", stammelt sie.

„Keine Sorge. Das bekommen wir wieder hin."
Lillifee hebt ihren Zauberstab und schon sind Pupsi und
Henry wieder groß.
„Nanu, was ist denn passiert?", fragt Henry.
„Ich habe geträumt, ich wäre wieder ein Baby", wundert
sich Pupsi. Beide schütteln verwirrt ihren Kopf.

Fee Bella ist erleichtert. Nun ist alles wieder so, wie es vor ihrem Zauberspruch war. „Ich fange gleich mit dem Aufräumen an, aber diesmal ohne Zauberei", verspricht sie.
„Ich helfe dir", lacht Lillifee, „du wirst sehen, das macht gemeinsam sogar Spaß!"

Die Nadel im Heuhaufen

Die Sonne hat Prinzessin Lillifee und ihren Freunden
einen warmen Spätsommertag geschenkt. Bruno und
Henry spielen zwischen den Strohballen Fangen. „Ich
hab dich!", ruft Bruno lachend. Doch Henry ist wie
immer schneller.

„Dafür musst du mich erst einmal fangen", kichert er
und rennt quer über das Stoppelfeld.

Doch auf einmal bemerken sie ein leises Jammern und
Lillifees beruhigende Stimme: „Wir finden es schon!"
„Was ist denn passiert?", fragen Bruno und Henry, als
sie näher kommen. Bestürzt streckt Bella ihr Handgelenk
nach vorn: „Mein Lieblingsarmband ist weg!"

Und da kullert auch schon die erste Träne. „Ich hatte
es im Urlaub am Meer gemacht", schluchzt sie.
„Wie sah es denn aus?", fragt Bruno mitfühlend.
„Lauter bunte Muscheln mit einem silbernen Herzen
dazwischen", erzählt die Schmetterlingsfee traurig.
„Das finden wir schon!", beschließt Henry und eifrig
beginnen die Freunde mit der Suche.

„Genauso gut könnten wir eine Nadel im Heuhaufen suchen", stellt Bella nach einiger Zeit entmutigt fest. „Jetzt habe ich gar keine Erinnerung mehr an unseren Urlaub!" Da legt ihr Lillifee tröstend den Arm um die Schultern. „Aber die Erinnerungen sind doch in deinem Kopf", versucht die Blütenfee sie zu beruhigen. Doch Bella möchte nur noch nach Hause.

An diesem Abend geht Bella früh schlafen. Und auch
Lillifee verschwindet schnell in ihrem Zimmer. Was sie
wohl vorhat?
Gleichzeitig schleichen sich Henry und Bruno heimlich
aus dem Blütenschloss. Was die drei Freunde wohl aus-
hecken?

Als Bella am nächsten Morgen zum Frühstück kommt, ist die Küche leer. Auch das noch! Die ganze Nacht hat sie schlecht geschlafen und immer wieder von ihrem Armband geträumt. Und jetzt soll sie zu allem Überfluss auch noch allein frühstücken?

Plötzlich kommt Prinzessin Lillifee in die Küche gestürmt. In der Hand hält sie Bellas Muschelarmband. Die kleine Fee springt auf. „Lillifee!", ruft sie aufgeregt. „Wo war es denn?"

„Das würden wir auch gern wissen", hören sie Brunos Stimme. Er und Henry sind durch die andere Küchentür gekommen. Und auch Bruno hält das Armband hoch. Verwirrt blickt Bella nun von Lillifee zu Bruno: „Aber warum denn jetzt zwei Armbänder?" Prinzessin Lillifee lächelt und legt das kleine Schmuckstück auf den Tisch.

„Ich hatte noch Muscheln aus dem Urlaub übrig. Da habe ich einfach ein neues Armband gemacht. Und bei dem Herzen hat mir mein Zauberstab ein wenig geholfen. Ich konnte ja nicht ahnen..."

„... dass wir die Nadel im Heuhaufen finden!", ergänzt Henry fröhlich. „Das hätten wir auch nicht – ohne den stärksten Magneten von ganz Rosarien."

Henry zeigt Bella einen Magneten in Form eines Hufeisens. Bruno nickt zustimmend: „Damit findet man sogar ein winziges Armband, das ganz tief zwischen die Strohhalme gerutscht ist."

„Vielen Dank! Ihr seid die besten Freunde auf der Welt!", ruft Bella strahlend. „Ich werde die Armbänder einfach abwechselnd tragen."

„Oder wir basteln schnell daraus gemeinsam eine passende Kette", überlegt Lillifee. „Doppelt hält besser. Damit du unseren Sommerurlaub auch wirklich nicht vergisst."